고향으로 돌아가자

국립중앙도서관 출판시도서목록(CIP)

고향으로 돌아가자 / 지은이: 이병기. -- 양평군 : 시인생각, 2013
　　p. ;　　cm. -- (한국대표명시선100)

ISBN 978-89-98047-61-0 03810 : ₩6000

"이병기 연보" 수록
한국 현대시조[韓國 現代詩調]

811.35-KDC5
895.714-DDC21   CIP2013011869

한 국 대 표
명 시 선
1 0 0

이 병 기

고향으로 돌아가자

시인생각

■ **차례** ──────── 고향으로 돌아가자

1

별　11
냉이꽃　12
난초 1　13
난초 2　14
난초 3　15
그리운 그날 1　16
그리운 그날 2　17
고토故土　18
시마詩魔　20
뜰　21

───────── 한국대표명시선100 이 병 기

2

바람   25
풀벌레   26
비 1   27
우뢰   28
밤 1   29
희제戱題 4 ―어린이와 꽃   30
호패뜨기   33
월출산月出山   34
매화   36
총석정叢石亭   37

3

가섭봉迦葉峯 —금강산 한 봉우리　41
매창梅窓 뜸　42
대성암大聖庵　44
석굴암石窟庵　46
도봉道峯　47
송광사松廣寺　48
오동梧桐꽃　49
함박꽃　50
탱자울　51

4

파초　55

난蘭과 매梅　56

청매靑梅 1　57

청매靑梅 2　58

보리　59

근음삼수近吟三首　60

새벽　62

고향으로 돌아가자　63

내 한 생生　64

정원의 가을　65

5

고서古書　69

천정天井　70

창窓　71

그 방　72

천마산협天魔山峽　73

박연폭포　74

부소산扶蘇山　75

봄아침　76

송별送別　77

매梅·수선水仙·난蘭　78

발跋 가람시조집 발문·정지용　79
이병기 연보　84

1

볕

보릿잎 포롯포롯 종다리 종알종알
나물 캐던 큰아기도 바구니 던져두고
따뜻한 언덕 머리에 콧노래만 잦았다

볕이 솔솔 스며들어 옷이 도리어 주체스럽다
바람은 한결 가볍고 구름은 동실동실
이 몸도 저 하늘로 동동 떠오르고 싶다

냉이꽃

밤이면 그 밤마다 잠은 자야 하겠고
낮이면 세 때 밥은 먹어야 하겠고
그리고 또한 때로는 시詩도 읊고 싶고나

지난봄 진달래와 올봄에 피는 진달래가
지난여름 꾀꼬리와 올여름에 우는 꾀꼬리가
그 얼마 다를까마는 새롭다고 않는가

태양이 그대로라면 지구는 어떨 건가
수소탄 원자탄은 아무리 만든다더라도
냉이꽃 한 잎에겐들 그 목숨을 뉘 넣을까

난초 1

한 손에 책을 들고 조오다 선뜻 깨니
드는 볕 비껴가고 서늘바람 일어 오고
난초는 두어 봉오리 바야흐로 벌어라

난초 2

새로 난 난초 잎을 바람이 휘젓는다
깊이 잠이나 들어 모르면 모르려니와
눈뜨고 꺾이는 양을 차마 어찌 보리아

산뜻한 아침볕이 발틈에 비쳐들고
난초 향기는 물밀듯 밀어오다
잠신들 이 곁에 두고 차마 어찌 뜨리아

난초 3

오늘은 온종일 두고 비는 줄줄 내린다
꽃이 지던 난초 다시 한 대 피어나며
고적한 나의 마음을 적이 위로하여라

나도 저를 못 잊거니 저도 나를 따르는지
외로 돌아앉아 책을 앞에 놓아두고
장장張張이 넘길 때마다 향을 또한 일어라

그리운 그날 1

병아리 어미 찾아 마당가에 뱅뱅 돌고
시렁 위 어린 누에 한잠을 자고 날 때
누나는 나를 데리고 뽕을 따러 나가오

누나는 뽕을 따고 집으로 돌아가도
금모래 은모래 쥐었다 놓았다 하고
나 혼자 밭머리 앉아 해 지는 줄 모르오

소나기 삼 형제가 차례로 지나가고
언덕 밑 옹달샘에 무지개다리 노면
선녀들 머리 감으러 내려옴을 바라오

그리운 그날 2

종달이 귀가 솔고 하루살이 눈에 드다
진펄밭 웅굿 캐고 뫼를 올라 고사리 꺾고
방안에 오똑이 앉아 글을 외기 싫어라

풀도 없는 강변 쬐는 볕은 따가와라
모래도 놀이삼아 날마다 물에 살고
옷처럼 검은 몸뚱이 빛은 아니 나더니라

콩서리 하여다가 모닥불에 구워 먹고
밀방석 한머리 신삼는 늙은이 졸라
끝없는 옛날이야기 밤을 짧아하였다

그 겨울 동지섣달 추위도 모르든지
눈 속에 발을 벗고 동무와 달음질치고
볏가리 고드름 따라 이를 서로 겨루다

고토故土

비는 개인 아침볕이 산듯 비껴 난다
가랑잎 벌어지고 고사리 고개 들고
동산의 꿩 우는 소리 골을 자주 울린다

지새는 골안개는 한머리 잦아 가고
숲이 짙은 속에 바위도 후줄근하고
수없이 나는 꾀꼬리 새벽부터 울어라

용화산龍華山 구름 자고 천호天壺에 달 오르다
백련화白蓮花 곁에 두고 못가으로 거니노니
이따금 서늘한 바람 향을 불어오도다

논밭 한모르엔 조그마한 모정이다
때로 몸을 비껴 늘인 숨을 지우나니
잔개울 졸졸거리고 머리맡을 돌아라

한두 주 감나무는 집마다 심어두고
열매는 붉기 전에 저자로 다 나가고
고운 잎 남은 그 가지 꽃을 아니 바꾸리

저대로 자란 나무 울지어 가리우다
울 밀도 하던 그 잎 찬바람에 다 날리고
머언 뫼 꺼먼 바위도 옹기종기 보이다

뒤에 기단 언덕 가득히 들어선 대
곧게 자란 마디 그 뜻을 아니 잊어
눈지고 휘이던 몸도 바람 맞아 펴이다

낮에 녹은 눈이 밤이면 도로 얼다
앞뒤 잔개울에 물소리 적어지고
반벽半壁에 흐린 등불은 밤을 외로 밝힌다

시마 詩魔

그 넓고 넓은 속이 유달리 으스름하고
한낱 반딧불처럼 밝았다 꺼졌다 하여
성급한 그의 모양을 찾아내기 어렵다

펴 든 책 도로 덮고 들은 붓 던져두고
말없이 홀로 앉아 그 한낮을 다 보내고
이 밤도 그를 끌리어 곤한 잠을 잊는다

기쁘나 슬프거나 가장 나를 따르노니
이생의 영과 욕과 모든 것을 다 버려도
오로지 그 하나만은 어이할 수 없고나

뜰

저른 처마 안에 드는 해는 되우 길다
뜰에 시든 수국 그늘도 엷어지고
모이를 찾는 병아리 가다 발을 머문다

포도 익은 날에 벗을 불러 노랴더니
가득 일은 벌레 줄기마저 다 마르고
거미는 줄을 늘이고 나고 들고 하노라

나무는 담을 넘어 가지를 드리우다
뒤에 좁은 언덕 그늘이 먼여 들고
말매미 쓰르라미는 때로 와서 울어라

2

바람

난데없는 바람 거리를 휩쓸고 몰아온다
쓰던 모자를 쓰면 다시 떨어지고
분주히 오고가는 이를 기롱欺弄하듯 하여라

가로 선 애나무들 싱싱히 푸르도다
시들고 병든 잎만 날린다고 믿지 마라
덧없는 바람에 불려 꺾일 줄을 어이 알리

풀벌레

해만 설핏하면 우는 풀벌레 그 밤을 다하도록 울고 운다

가까이 멀리 예서제서 쌍져 울다 외로 울다 연달아 울다 뚝 그쳤다 다시 운다 그 소리 단조하고 같은 양 해도 자세 들으면 이놈의 소리 저놈의 소리 다 다르구나

남몰래 계우는 시름 누워도 잠 아니 올 때 이런 소리도 없었은들 내 또한 어이하리

비 1

모종의 오뉴월이 가물고 더위러니
시원한 비 한 번에 만인萬人이 웃음이네
마르던 삼천리 안의 산도 들도 다 웃네

다만 빗소리요 저녁은 고요하다
어느 때 날아왔나 시렁에 앉은 제비
고개를 자옥거리며 젖은 깃을 다듬네

비는 오다 마다 구름은 갈아들고
이따금 왜가리는 북으로 날아가니
장마나 아닌가 하고 다시 하늘 바라보네

모기는 한두 마리 전등電燈에 부딪치고
비인 마루 위에 고양이 자옥이다
누워도 잠이나 오랴 내 무엇이 그리워

우뢰

　한껏 찌고 우리고 나뭇잎 하나 까땍없고 돋는 달 연홍시 같고 마른번개는 오락가락하다

　짓궂은 바람 급자기 일며 굵은 비 마구 뿌려 앞뒤 창을 두드리고 우르르 우르르 벼락이 내려치고 뻔쩍뻔쩍 불칼을 휘날린다

　책상 한 머리 등은 자주 깜박이노니 보던 글도 두고 묵묵히 외로 앉아 나는 나의 한적閒寂을 깨닫노라

밤 1

어스름 저무는 날 누가 나를 부르노라
으슥한 골을 찾아 성 모르로 돌아가니
재 너머 달은 오르다 구름 새로 숨어라

날마다 조이던 몸 피로도 피로하리
다행히 오늘이야 시름 잊고 드는 그 잠
어린 듯 고운 숨결이 밤을 홀로 울린다

희제戱題 4
— 어린이와 꽃

꽃모종
가는 비는 내려 마르던 흙 축여지다
어린 꽃모 옮겨 앞뒤 뜰에 심어 두고
나날이 자라나옴을 서로 새워 보노니

봉숭아
꽃과 잎을 따다 손끝에 매어 두고
고운 그 물빛이 행여나 덜어 들까
밤에도 조심스러이 잠을 사려 드느니라

나팔꽃
언제나 입으로는 나팔소리 이뤌는지
기다란 팔굽이를 제마냥 드러내어
이 안이 좁은 줄 모르고 부질없이 벋어치다

여지荔支
그늘 짙은 속에 으늑히 숨어 있어
몹시 얽은 얼굴 푸르고 누르지만
벌리는 그 입술 안은 연연히도 붉어라

해바라기
몸매와 차림차림 어설프며 엉성궂고
키는 너무 자라 담머리 솟아나고
그 둥근 얼굴을 들어 해나 바라보도다

분꽃
빨강이 노랑이로 어여삐 단장하고
게으른 잠을 자다 저녁밥 지으랄제
살포시 그 잠을 깨어 방글방글 웃는다

밥풀꽃
모진 시어마니 며느리 배를 곯렸나니
그는 죽어도 오히려 한이 남아
입에다 밥풀을 물고 그 이름이 되었네

맨드라미
곱게 자라난다 맨드람 맨드라미
머리에 돋은 계관鷄冠 일어나는 불꽃같아
우거진 파란 잎들을 사르랸듯 하여라

도라지꽃
내리는 찬 이슬 맞고 늦이 피는 백도라지
홀로 높이 서서 괴괴는 할지언정
무단한 번화로움을 아예 싫어하더라

호패뜨기

성근 숲을 지나 아늑한 언덕 밑에
토실土室 두어 간이 밝고도 조용하다
사벽四壁엔 고서 만 권도 쌓아둠 직하다

며느리 손자들은 먼산 나무를 가고
바둑 아니면 반드시 호패뜨기
제마냥 셈든 양하며 권태 없는 일과다

차라리 선하품도 긴 잠꼬대도곤 나으리
자주 비를 들고 뜰이라도 쓸어 보라
늙었다 하지를 말고 저 처어칠을 보라

월출산月出山*

금시 바위라도 굴러내릴 듯한 강파로운 사태바기
노루와 멧도야지 새로 자옥이 나고
꽃나무 드러난 뿌리 발에 자주 걸린다

멀리 가린 구름 다다라 보니 짙은 안개
풀이슬 옷에 젖어 다리 더욱 무거워지고
봉머리 반반한 바위 더 오를 곳 없어라

엷어지는 안개 해는 살처럼 희고
조각 조각이 파란 하늘 트이고
다투어 머리를 들고 봉이 솟아 나온다

어둡던 굴과 골이 유리보다 투명하고
바위에 돋은 버섯 꽃처럼 혼란하고
한머리 잦은 안개는 다시 일다 스러진다

들마다 에운 바다 바다에도 뫼이로고
예는 어데이고 제는 또한 무엇이뇨
손들어 가리키는 곳에 다시 명산名山 보이도다

*) 전남 영암군 영암면・작천면 등지에 있는 명산. 족립族立한 암봉岩峯이고 그중 최고봉인 천왕봉(일명 천황봉)은 해발 804미터가 되고 이 봉에서 지리산・한라산, 다도해 등이 다 바라다 보인다.

매화

더딘 이 가을도 어느덧 다 지내고
울 밑에 시든 국화 캐어 다시 옮겨 두고
호올로 술을 대하다 두루 생각나외다

뜨다 지는 달이 숲 속에 어른거리고
가는 별똥이 번개처럼 빗날리고
두어 집 외딴 마을에 밤은 고요하외다

자주 된서리치고 찬바람 닥쳐오고
여윈 귀뚜리 점점 소리도 얼고
던져둔 매화 한 등걸 저나 봄을 아외다

총석정叢石亭

때로 이는 물결 밀어 오다 스러진다
눕고 앉고 서서 바다를 노려보고
아직도 느긋한 마음 태고런 듯하도다

한껏 고요하고 유리같이 맑은 바다
어두운 굴에 금란金蘭이 빛이 나고
알섬에 알을 나 두고 갈매기도 날아오다

3

가섭봉 迦葉峯
— 금강산 한 봉우리

요리조리 돌아 굴을 겨우 벗어나니
앙상한 백화白樺 서리 눈인 양 돌로 희고
트이는 까만 허공에 봉이 새로 솟는다.

서대는 다람쥐가 길을 자주 알리우고
잦은 서리 틈에 석남石楠은 연연하고
젓나무 썩어진 뿌리 향은 그저 남았다.

날인 바위 끝이 발아래 떨고 있고
봉마다 골마다 제여곰 다른 모양
한눈에 모여드나니 다만 어질하여라.

매창梅窓* 뜸

돌비는 낡아지고 금잔디 새로워라
덧없이 비와 바람 오고가고 하지마는
한 줌의 향기로운 이 흙 헐리지를 않는다

이화우梨花雨 부르다가 거문고 비껴 두고
등 아래 홀로 앉아 누구를 생각는지
두 뺨에 젖은 눈물이 흐르는 듯하구나

나삼羅衫을 손에 잡혀 몇 번이나 찢겼으리
그리던 운우雲雨도 스러진 꿈이 되고
그 고운 글발 그대로 정은 살아남았다

*) 매창은 그 호. 이름은 계생桂生. 자는 천향天香 또는 향금香今인데 부안현리扶安縣吏 이양종의 서녀로 명기가 되어 시가금詩歌琴을 잘하였다. 그 무덤이 지금 부안군 부녕면 봉덕리 막제서문원 매창뜸에 있고 부풍시사扶風詩社에서 수호를 하여준다. 그의 시가詩歌에는 '이화우梨花雨 흩날릴 제 울며 잡고 이별한 임 추풍낙엽에 저도 저도 나를 생각하는지 천리에 외로운 꿈만 오락가락하더라'와 '취객집라삼醉客執羅衫 나삼수수열羅衫隨手裂 불석일나삼不惜一羅衫 단공사정절但恐思情絶'이라는 명작이 있다.

대성암 大聖庵*

고개 고개 넘어 호젓은 하다마는
풀섶 바위서리 발간 딸기 패랭이꽃
가다가 다가도 보며 휘휘한 줄 모르겠다

묵은 기와목이 발끝에 부딪히고
성城을 고인 돌은 검은 버섯 돋아나고
성긋이 벌어진 틈엔 다람쥐나 넘나든다

그리운 옛날 자취 물어도 알 이 없고
벌건 뫼 검은 바위 파란 물 하얀 모래
맑고도 고운 그 모양 눈에 모여 어린다

깊은 바위굴에 솟아나는 맑은 샘을
위로 뚫린 구멍 내려오던 공양미供養米를
이제도 의상義湘을 더불어 신라시절新羅時節 말한다

별이 쨍쨍하고 하늘도 말갛더니
설레는 바람 끝에 구름은 서들대고
거뭇한 먼 산머리에 비가 몰아 들온다

*) 경기도 양주군 구리면 아천리. 또는 광나루[廣津] 옆에 있는 아차산의 한 고찰. 아차산은 백제 고읍의 한 요충이었는데 성지가 남아 있다.

석굴암 石窟庵

한 고개 또 한 고개 고개를 헤어오다
토함산 넘어 서서 동해바다 바라보고
저문 날 돌아갈 길이 바쁜 줄을 모르네

보고 보고지어 이곳에 석굴암이
험궂은 고개 넘어 굽이굽이 도는 길을
잦은 숨 잰걸음 치며 오고 오고 하누나

도봉 道峯

비로 젖은 옷을 바람에 말리도다
한 고개 넘어 드니 숲 속에 절이 뵈고
그 앞에 바위 엉서리 물은 불어 흐른다

돌고 도는 빙에 덩불과 바위서리
푸른 잎 우거지고 희고 붉은 꽃도 피어
옮기는 발자욱마다 향기 절로 일어라

또 한 골 찾아드니 더욱이 아늑하다
조그만 들 건너 에두른 뫼와 뫼히
나붓이 그 등을 숙이고 강이 또한 보인다

만장봉萬丈峰 만장萬丈바위 천축天竺의 여러 폭포
이 돌 이 물이야 또 어데 없으리오
내 마음 이곳에 드니 내 못잊어 하여라

송광사松廣寺

보성강寶城江 십오 리를 거슬러 오르다가
그 강을 다시 건너 산으로 돌아드니
깊은 숲 으늑한 골에 종경鐘磬소리 들리어라

나무와 바위틈에 물소리 졸졸이고
금벽金碧을 뒤에 두고 청심문淸心門 높이 서서
이 문을 드는 이로 하여 시름 잊어 하여라

합장배례合掌拜禮하고 가부跏趺를 겯고 앉아
보조국사普照國師의 원불願佛을 우러러보고
이윽고 고요한 밤을 선삼매禪三昧에 드노라

새벽 예불禮佛소리 곤히 든 잠을 깨어
한 옆에 비어 있는 설법당說法堂을 돌고 보니
고려판高麗板 대반열반경大般涅槃經은 홀로 남아 있도다

오동梧桐꽃

담머리 넘어드는 달빛은 은은하고
한두 개 소리 없이 내려지는 오동꽃을
가려다 발을 멈추고 다시 돌아보노라

함박꽃

이제야 피는 양은 때가 늦어 그러는지
푸른 잎 사이사이 흰 숭이 붉은 숭이
제여곰 수줍은 듯이 고개 절로 숙인다

유달리 풍성하고 화려한 그 얼굴을
우거진 녹엽綠葉 속에 으늑히 숨겨 두고
행여나 뉘라 알까 봐 향기마저 없더라

탱자울

그의 집 앞으로는 지나기도 두렵다
겹겹이 둘러 둘러 가시성을 쌓았노니
지금도 안치安置를 받을 무슨 죄를 지었을까

홍수 맹수보다 음오陰惡한 이 세상에
탱자울은커녕 철옹성鐵瓮城인들 믿으리오
갈외고 저히는 도적이 맘속에도 있느니

4

파초

다시 옮겨 심어 분에 두고 보는 파초
설레는 눈보라는 창문을 치건마는
제먼여 봄인 양하고 새움 돋아나온다

청동화로 하나 앞에다 놓아두고
파초를 돌아보다 가만히 누웠더니
꿈에도 따뜻한 내 고향을 헤매이고 말았다

난蘭과 매梅

난을 난을 나는 캐어다 심어다 두고
좀 먹은 고서古書를 한옆에 쌓아도 두고
만발한 야매野梅와 함께 팔구 년을 맞았다

다만 빵으로서 사는 이도 있고
영예 또는 신앙으로 사는 이도 있다.
그러나 나는 이 세상을 이러하게 살고 있다.

청매靑梅 1

그저 밤은 길고 꿈만 어수선하다
홀로 일어 앉아 희미한 달빛 속에
창 앞에 새로 피어난 청매화를 맡아 본다

청매 청매꽃은 나한羅漢의 마음이다
너와 같다면 누가 싫다 하리
진실로 저는 저로 하여 귀여움을 받느니

청매青梅 2

청매는 다문다문 피인 지 이십여 일
꽃은 다 져도 푸른 다대와 여의
그리고 싱동싱동한 향은 그저 남았다

청매는 아니 늙고 외롭지도 아니하다
푸른 가지엔 퍼런 움이 돋아난다
오늘쯤 파란 새들도 찾아올까 싶으다

보리

눈 눈 싸락눈 함박눈 펑펑 쏟아지는 눈

연일 그 추위에 몹시 볶이던 보리
그 참한 포근한 속의 문득 숨을 눅여 강보에 싸인 어린애
마냥 고이고이 자라노니

눈 눈 눈이 아니라 보리가 쏟아진다고 나는 홀로 춤을 추오

근음삼수 近吟三首

백화근 白花槿
홀로 우뚝 솟아 피어나는 백화근이
백련 白蓮도 새울 만큼 탐스럽고 청초하다
진실로 백의 白衣의 나라 이 겨레의 꽃 아닌가

열무
선왕골 파라시는 아직도 아니 붉고
기린봉 麒麟峯 열무 팔미 八味*의 하나라지
배급 탄 안남미 安南米 밥도 이 맛으로 먹히네

모기
비 한 번 지난 뒤엔 귀뚜라미 방에 울고
발과 전등 가에 힘없이 나는 모기
참혹한 패잔병처럼 지향할 바 모르네

*) 완산팔미完山八味 : ①기린봉 열무 ②신풍리 호박 ③한내 무 ④상관 게(한내 게) ⑤전주남천 모자 ⑥선왕골 파라시 ⑦대흥리 서초 ⑧오목대 황포묵

새벽

돋는 새벽 빛에 창살이 퍼러하다
백화등白花藤 향은 상林머리 떠돌고
꾀꼬리 울음은 잦아 여윈 잠도 잊었다

송화 누른 가루 개울로 흘러오고
돌담 한 모르에 시나대 새순 돋고
차茶밭에 다잎이 나니 다茶나 먹고 살을까

고향으로 돌아가자

고향으로 돌아가자 나의 고향으로 돌아가자
암 데나 정들면 못 살리 없으련마는
그래도 나의 고향이 아니 가장 그리운가

방과 곳간들이 모두 잿더미 되고
장독대마다 질그릇 쪼각만 남았으나
게다가 움이라도 묻고 다시 살아봅시다

삼베 무명옷 입고 손마다 괭이 잡고
묵은 그 밭을 파고 파고 일구고,
그 흙을 새로 걸구어 심고 걷고 합시다

내 한 생生

한 몸에 지은 짐이 너무나 무거웠다
그 짐은 다 버리고 이리저리 오고 가매
새로이 두 어깨 밑에 날개 난 듯하고나

쌀값은 높아가며 양화洋貨는 범람하고
거리 거리에 자동차 트럭 버스
이것이 서울특별시 새 풍경이로고나

늙어 가면서도 술잔은 놓을 수 없고
늙어 가면서도 분필은 던질 수 없다
분필과 술잔으로나 내 한 생을 보낼까

정원의 가을

우북이 솟아나던 차茶나무 다 베어가고
상수리 익기도 전에 다토아 다 따아가고
두어 대 산옻나무의 단풍잎만 빨갛다

난을 사랑하던 마음 무우와 배추로 옮겨
그 가뭄 그 더위와 함께 타고 오그라지다
지난밤 소나기 듣고 나도 도로 젊었다

5

고서古書

던져 놓인 대로 고서는 산란散亂하다
해마다 피어 오던 매화도 없는 겨울
한종일 글을 씹어도 배는 아니 부르다

좀먹다 썩어지다 하찮이 남은 그것
푸르고 누르고 천년이 하루 같고
검다가 도로 흰 먹이 이는 향은 새롭다

홀로 밤을 지켜 바라던 꿈도 잊고
그윽한 이 우주를 가만히 엿보고
빛나는 별을 더불어 가슴속을 밝힌다

천정 天井

가장 가찹고 사랑스러운 조그마한 나의 하늘
매양 그 아래서 앉고 서기도 한다
그러나 아주 적연寂然히 눕고 싶지는 않다

현란한 초화草花들이 향기 듯는 듯하고
쥐는 까만 눈으로 나를 노려도 보고
둥덩둥 하는 소리는 음악으로 들을까!

나의 천정으로 너의 운동장을 삼고
나의 뒤주를 너의 곳간으로 삼고
네 비록 쏠고 좃은들 내 집이야 기울랴

창窓

우리 방으로는 창으로 눈을 삼았다
종이 한 장으로 우주를 가렸지만
영원히 태양과 함께 밝을 대로 밝는다

너의 앞에서는 술 먹기도 두렵다
너의 앞에서는 참선參禪키도 어렵다
진귀한 고서古書를 펴어 서권기書券氣나 기를까

나의 추醜와 미美도 네가 가장 잘 알리라
나의 고苦와 낙樂도 네가 가장 잘 알리라
그러나 나의 임종臨終도 네 앞에서 하려 한다

그 방

깨운 적이 없이 자다 일어앉았다가
다시 누우면 잠도 그저 아니 오고
싸늘한 실바람만이 이마 위로 회돈다

몇 분盆 난과 함께 매화를 방에 두고
옆에 솟은 벽이 처마보다 더 높아라
비끼는 볕이나 보려 창을 새로 갈았다

흥도 시름처럼 때로 잊을 수 없다
술과 벗에 팔려 이리저리 헤매는 이 밤
휑그렁 비인 그 방을 달이 와서 지킨다

천마산협 天磨山峽

곱게도 드는 단풍 봉마다 빨개지고
으름과 다래덩굴 아직도 짙은 녹음
으늑고 후미한 골에 물이 졸졸 흐른다

나무숲 침침하여 낮도 또한 밤과 같다
풀섶에 우는 벌레 행여나 놀랄세라
발자욱 소리도 없이 조심조심 걷노라

돌바닥 험한 길에 발은 점점 부르튼다
어둑한 숲 속으로 좁은 골을 벗어나니
하얀 옥玉 깎아 세운 듯 봉 하나이 솟았네

박연폭포

이제 산에 드니 산에 정이 드는구나
오르고 내리는 길 괴로움을 다 모르고
저절로 산인山人이 되어 비도 맞아 가노라

이 골 저 골 물을 건너고 또 건너니
발밑에 우는 폭포 백百이요 천千이러니
박연朴淵을 이르고 보니 하나밖에 없어라

봉오리 일던 구름 바람에 다 날리고
바위에 새긴 글발 메이고 이지러지고
다만, 이 흐르는 물이 궂지 아니하도다

부소산扶蘇山*

궁성宮城 비인 터이 새벽은 음울하다
지는 풀이슬은 느꺼운 눈물 같고
고목에 우는 까마귀 저도 맘을 죄나보다

자옥이 가린 안개 어느덧 잦아지고
햇살이 쏘는 곳에 벌건 봄이 솟고
골마다 한 모양으로 흰 바다이 되었다

*) 충남 부여읍 뒷산, 백제 말엽 120여 년 동안 국도國都의 궁성.

봄아침

설레던 바람 자고 서리는 고이 내렸다
해 돋아 오르고 멀리 안개는 잦았다
떼 지어 까마귀들은 어느 메로 가는고

아직 이 걸음이 하루 백 리는 가겠다
이리저리 다니며 맘대로 놀고져라
가다가 우러러보며 너를 나는 부럽다

송별送別

재 너머 두서너 집 호젓한 마을이다
촛불을 다시 혀고 잔 들고 마주앉아
이야기 끝이 못 나고 밤은 벌써 깊었다

눈이 도로 얼고 산머리 달은 진다
잡아도 뿌리치고 가시는 이 밤의 정情이
십 리가 못 되는 길도 백 리도곤 멀어라

매梅 · 수선水仙 · 난蘭

영하 십오 도의 대한大寒도 다 지내고
잦았던 눈도 어제부터 다 녹이고
뜰 앞의 매화 봉오리도 볼록볼록 하고나

한잠 자고 나면 꿈만 시설스러웠다
이 늙은 몸에도 이게 벌써 봄 아닌가
일깨어 손주와 함께 뛰고 놀고 하였다

한 분盆 수선은 농주를 지고 있고
여러 난과 혜蕙는 잎새만 퍼런데
호올로 병을 기울여 국화주菊花酒를 마셨다

■ 발跋

　귀한 시조집을 꾸미어 놓고 다시 보니 하도 정精하고 조찰하고 품品이 높기를 향기가 풍기는듯하여 무슨 말이고 덧붙이기가 송구하기까지 하다. 어디 부문의 예술이고 그것이 완벽에까지 이른 것이고 보면 조금도 변해辨解다운 말이 맞득지 않다. 시가詩歌를 들어볼지라도 그것이 잘되었고 못되었고를 고누기보다는 그것이 진정 시가로 태어나온 것이냐 희지 부지 조잔히 만들어진 것이냐 라는 것이 결정적으로 드러날 것이 아닌가. 눈을 바로 갖춘 사람은 진짜를 알어낸다. 안다고 하는 것도 층층이지마는 알만한 이는 알고 모르는 사람은 모르고 말 것이다. 시가를 아는 이께 맡기고 기쁨을 사는 외에 무슨 도리가 있겠는가. 아는 것도 타고난 복이라 이래서 가람이 시조원고만 내맡기고 말씀 한마디 없는 것인지 나로서는 궁거워 몇 마디 아니 부칠 수 없는 노릇이다.
　우리 문단의 나이가 삼십 년이라고 보면 가람시조 나이도 이와 못지않게 연부年富한 편이다.

　시조를 사적史的으로 추구한 이 이론으로 분석한 이 비평기준을 세운 정령丁寧한 주석가註釋家요 계몽적으로 보급시

킨 이가 바로 가람이다. 시조학이 설 수가 있는 것이고 보면 가람으로서부터 비로소다.

  시조제작에 있어서 양과 질로 써 가람의 오른편에 앉을 이가 아즉 없다. 천성이 시인으로서 넘치는 정교를 타고난 것이 더욱이 가람과 맞서기 어려울 점인가하노니 한참 드날리던 시조인들의 행방조차 알 길이 아득한 이즈음 가람의 걸음은 바야흐로 밀림을 헤쳐 나온 코끼리의 보법이 아닐 수 없다. 예전 어른을 들어 비교할 것은 홀한 노릇일지 모르겠으나 송강 이후에 가람이 솟아오른 것이 아닐까 한다. 송강의 패기를 당 할이 고금에 없겠으나 가람의 치밀 섬세한 점이 아즉 어떤 이가 그만한지를 모를 일이다. 송강은 얼마쯤 지으신 시조수首도 많으신 편이시요. 수수首首마다 천고에 빛날만한 천재적인 것이기는 하나 혹은 한학漢學의 부업으로 취여醉餘에 (「송강가사」를 그렇게 뵈일 수는 도저히 없는 일이나) 일기가성一氣呵成으로 된 것이 다분인 것으로 살필 수 있고 전하는 것이 칠·팔십 수에 지나지 않고 보니 송강께서도 시조에 구타여 심혈을 다하여 정진하셨다고는 생각되지 않는다. 시조문학의 최고수일秀逸이신 송강이 이러하셨으니 그 외에 역대로 사도斯道에 손을 대다가 말은 수백을 헤일 수 있는 분들이야 그야말로 문학의 의기와 예술의 혼담魂膽으로써 시조에 대하였다고 할 분이 누구 누구실고! 인생의 의기와 부세浮世의 허망을 느낀 나머지에 이를 가형歌形 3장에 탁의서회托意敍懷 한 것이 대부분이겠으나 일률로 한시조漢詩調에 토를 단 것이 아니면 거리가 당치도 않은 요순문무堯舜文武의 회고취미나 강호풍월의 당황한 영탄벽詠嘆

癖 이외에 보잘 것이 실상 없다. 간혹 아기자기한 인생 정한의 실마리를 시조로 감고 풀고 하야 조선적 리리시즘을 후세사람으로 따서 쓸 것이 과연 없지 아니하니 면앙정俛仰亭 같으신 어른이나 진이眞伊외에 유명무명의 규수가인들이 끼치고 간 노래가 이것이다. 그러나 모조리 읊아 놓아야 집대성하기에 너무도 하잔하다.

요컨대 예전 어른들은 시를 달리하느라고 시를 시조로 하기에 별로 성의를 베풀지 않았던 것이 사실이 아닐 수 없었던 것이다. 그러나 순수 조선적 포에지를 담기에 가장 맞가롭고 읊을 수 있고 부를 수 있는 정형시整形詩로서 악기로 치면 단소와 같이 신묘한 시형이 시조 3장 외에 없었던 것이다.

문단에 새로운 문학이 발흥되기 비롯한 삼십 년래로 몇몇 유지有志한 분들이 다시 이 시형의 새로운 가치를 알어 시작詩作하여 보았으나 마침내 새로운 시가 담기어야 할 말이 아닌가. 시랄 것이 없었다. 진부한 상투적인 것, 천연한 성정의 유로流露가 아닌 무리한 시상詩想의 허구에다 군색한 글자 채움에 급급하였을 뿐이다. 시조가 자수字數, 장수章數에 제한이 있어서 무슨 장정적章程的 가치가 있는 것이 아니라 시형의 제약적 부자유를 통하야 자유를 추구할 수 있는 유구한 기악적器樂的 성능을 갖춘 것이 특색일 것이다. 모든 정형시의 미덕이 조선에서는 삼장 시조형으로 현게顯揭된 것이다. 조선적 정형시는 아직까지 시조시 이외에 타당한 시형이 발명되지 않은 것이니 전통적 시형을 추존追尊하야 이에 시의 기식氣息을 불어넣기란 원래 시인의 대업이 아닐 수 없었던 것을 시인이 아닌 문필가가 맡는댔자 제소리가 날 리가 없었다.

발발勃勃한 시적지원자들이 시조를 경원하고 돌아서는 것은 시조에서 시를 얻을 수 없었던 것이 한 가지 이유가 아닐 수 없었던 것이다. 새로운 세대가 진부와 상투에서 더욱이 고전이란 존대尊大한 명목 하에 고행할 의무가 없는 것이 아닌가. 이리하야 시조가 극도의 빈혈적 존재를 계속하던 것이 마침내 위기에 직면한 것이니 마치 서도書道가 추사秋史 전후에 아조 엄엄奄奄한 상태에 빠졌던 것과 다를 게 없었던 것이다.

온전히 기우러진 사직을 일개 명상名相으로서 붓돋아 이르킬수야 없지마는 예도藝道의 명맥은 일개 천재만으로서 혈행血行을 이을 수 있는 것이니 이제 시조문학사상의 가람의 위치를 조중助證하기에 우리는 인색히 굴 필요가 없이 되었다.

마침내 시조들이 시인을 만나서 시인한테로 돌아오게 되었다. 비로소 감성의 섬세와 신경의 예리와 관조의 총혜聰慧를 갖춘 천성의 시인을 만나서 시조가 제소리를 낳게 된 것이니 가람시조가 성공한 것은 시인 가람으로서 성공한 것이라 결론을 빨리하면 시인으로 태어나지 않았던들 아이에 시조 한 수쯤이야…… 하는 부당한 자신을 가질 수 없었던 것이다.

더욱이 확호한 어학적 토대와 고가요古歌謠의 조예가 가람으로 하여금 시조제작에 힘과 빛을 아울러 얻게 한 것이니 그의 시조는 경건하고 진실함이 이를 읽는 이가 평생교과로 삼을만한 것이요 전래시조에서 찾기 어려운 자연과 리

얼리티에 철저한 점으로서는 차라리 근대적 시정신으로써 시조재건의 열렬한 의도에 경복敬服케 하는 바가 있다. 이리 하야 가람이 전통에서 출발하야 그와 결별하고 다시 시류에 초월한 시조중흥의 영예로운 위치에 선 것이다.

정 지 용

— 『가람시조집』(1947. 9. 20) 발문에서 —

이 병 기
연 보

1891(1세) 음 1.28 전북 익산군 여산면 원수리에서 변호사 이채의 장남으로 출생.

1912(22세) 주시경의 조선어강습원 수료.

1925(35세) ≪조선문단≫에 「한강을 지나며」 발표.

1930(40세) 한글맞춤법통일안 제정위원으로 피선.

1938(48세) 연희전문학교 강사.

1939(49세) 『가람시조집』(문장사) 간행.

1940(50세) 『역대 시조선』(박문서관)과 『인현왕후전』(박문서관) 간행.

1942(52세) 조선어학회 수난으로 함흥형무소에 수감되어 1년여 복역.

1946(56세) 서울대학교 교수.

1952(62세) 전북대학교 문리대학장.

1954(64세) 학술원 회원.

1957(67세) 『국문학전사國文學全史』(신구문화사) 간행.

1960(70세) 7월 학술원 공로상 수상.

1961(71세) 『국문학개설』(일지사) 간행.

1962(72세) 문화포장 받음.

1966(76세) 『가람 문선』(신구문화사) 간행.
한국시조작가협회 초대 회장.
1968(78세) 7월 29일 생가에서 사망,

〖한국대표명시선100〗을 펴내며

　한국 현대시 100년의 금자탑은 장엄하다. 오랜 역사와 더불어 꽃피워온 얼·말·글의 새벽을 열었고 외세의 침략으로 역경과 수난 속에서도 모국어의 활화산은 더욱 불길을 뿜어 세계문학 속에 한국시의 참모습을 드러내게 되었다.
　이 나라는 글의 나라였고 이 겨레는 시의 겨레였다. 글로 사직을 지키고 시로 살림하며 노래로 산과 물을 감싸왔다. 오늘 높아져 가는 겨레의 위상과 자존의 바탕에도 모국어의 위대한 용암이 들끓고 있음이다.
　이제 우리는 이 땅의 시인들이 척박한 시대를 피땀으로 경작해온 풍성한 시의 수확을 먼 미래의 자손들에게까지 누리고 살 양식으로 공급하는 곳간을 여는 일에 나서야 할 때임을 깨닫고 서두르는 것이다.
　일찍이 만해는 「님의 침묵」으로 빼앗긴 나라를 되찾고 잃어가는 민족정신을 일으켜 세우는 밑거름으로 삼았으며 그 기룸의 뜻은 높은 뫼로 솟아오르고 너른 바다로 뻗어나가고 있다.
　만해가 시를 최초로 활자화한 것은 옥중시「무궁화를 심고자」(《개벽》 27호 1922.9)였다. 만해사상실천선양회는 그 아흔 돌을 맞아 만해의 시정신을 기리는 일의 하나로 '한국대표명시선100'을 펴내게 된 것이다.
　이로써 시인들은 더욱 붓을 가다듬어 후세에 길이 남을 명편들을 낳는 일에 나서게 될 것이고, 이 겨레는 이 크나큰 모국어의 축복을 길이 가슴에 새겨나갈 것이다.

만해사상실천선양회

한국대표명시선100 | 이 병 기
고향으로 돌아가자

1판1쇄 인쇄 2013년 7월 15일
1판1쇄 발행 2013년 7월 19일

지 은 이 이 병 기
뽑 은 이 만해사상실천선양회
펴 낸 이 이 창 섭
펴 낸 곳 시인생각
등 록 번 호 제2012-000007호(2012.7.6)
주   소 경기도 양평군 옥천면 고읍로 164
          ㉾476-832
전   화 (031)955-4961
팩   스 (031)955-4960
홈 페 이 지 http://www.dhmunhak.com
이 메 일 lkb4000@hanmail.net

값 6,000원

ⓒ 이병기, 2013

ISBN 978-89-98047-61-0 03810

* 잘못된 책은 책을 구입하신 서점에서 교환하여 드립니다.

※ 이 책은 만해사상실천선양회의 지원으로 간행되었습니다.